ハウ・ファニー・ヒー・イズ

新宮サラ
Sara Shingu

文芸社

この物語は予期せぬ妊娠・出産を経て、手探りで子育てしているスチュワーデスと、どこまでも元気でどこまでも前向きなその姿が、いつしか彼女のかけがえのない存在となっていた息子・かっち母子二人の話である。

多くの理解者に見守られ、ママとかっちは今日も駆け抜けるのであった。

@《はじめに》

これを読んで、少しでも子供が欲しいと願う人が増えれば、これを読んで、もし子育てで行き詰まっている人が救われれば、子育てを楽しめないお母さんが一人でも減ってくれれば。

子は社会の宝と言うけれど、本当にそう思う。自分が子を産んだからか？　それとも本当にそうなのか？　最近、子供にまつわるとても恐ろしい事件や悲しいニュースを、新聞で読んだりテレビで見たりする。中にはそれって本当なの？　と耳を疑うような事件もある。子供どうしの陰湿ないじめや、幼児虐待、少女売春…。

情報の多様化、豊かな社会、プライバシーの尊重が、人間関係をさらに複雑にしている。これらはどれもとても素晴らしいことなのに、なんだか悪いほうに使われがちな気がする。あんまり悪いニュースばかり流されると、「子供なんていらないわ」と考える女性も増えているのでは？　もちろんそれだけが理由ではないが、子供を産まない女性は増えている。

子供を産まない女性が増えると、子供の数が減る。子供の数が減る→子供が周りにいない→子供がどんな生き物か理解できない人が増える→子育てしにくい環境、になるのである。という私も、子供を持つまで「子供なんてうるさくて、自分勝手で汚くて大嫌い」と思っていたのだから。ホントノトコロ。周りがこんな人だらけだと、お母さんますます肩身が狭い。

でも、子供を持ってからいろんなことに気付いた。確かにたいへん、子育ては。でも、でも、こんなに豊かで素晴らしい経験ができるのは、かっちを産んだから、と、しみじみ思う今日この頃。大体こんなことを思える自分に、しみじみ変わったもんだと自分で驚いている。でもあたりを見渡すと、周りはもっと驚いていた。だれも私がここまで変わると思っていなかったらしい。

それはさておき、子育てをしていると、最低でも一度や二度は、電車の中や公共の場で、周りの人の理解のなさに、がっかりさせられることなかった？　私がめっちゃおっきいおなかを抱えて電車に乗ってても、席を代わってくれた人なんて一人もいなかったよ（別に諦めてたけど。）寝た振りする人、全然気付かない人、足を大きく開いて二席分座っている男子学生。たとえそこが、シルバーシートだとしても。

私がまだ生まれたばかりのかっちを抱っこ紐で縛り、ベビーカーを片側に担ぎ、おしめとミルクと荷物がいっぱいのかばんをもう片側にさげ電車に乗ると、席を代わってくれないのは諦めるにしても、混んでいると、意地悪なおじさんは、邪魔とばかりぐいぐい押してくる。

人の波に飲まれ、フラフラになってホームに降りると次は階段。どこをどう探しても、エレベーターのない駅がまだこんなにあるのかと驚いた。つい三年ほど昔のことだが。最近はバリアフリーに改築している駅が急増中みたいだけど。

一度だけ、このままでは階段でこけてしまうと駅長室に駆け込み、そこにいた駅員さんにお願いすると、じろ～っと上から下までなめるように見られ、面倒くさそうにイスから立ち上がり、エレベーターに乗せてもらったことがある。鍵がかかっているのでだれでも使えるわけじゃない。エレベーターで降りながら「これは、本来なら身体障害者用なので、お願いしますよ」と、言われた。つまり、「次からは頼むなよ」ということ？　感じ悪～。

ホームの話に戻るが、「あんたはじゃまなんだよ」と言わんばかりに階段の後ろから押されたことはあっても、「お持ちしましょうか？」と、助けてくれた人など一人もいない。恐いので人の波が去ってから、ゆっくり階段を降りることにしている。それでもかつて一人だけ、人の波が一段落つき、降りようとすると、後ろから「お手伝いしましょう」と、ベビーカーに手をかけた男性が。そんな紳士はだれ？　と振り返ると、とてもお願いできないほどお年のお爺さんだった。「お気持ちだけ」と断ったが、気持ちはほんとに嬉しかった。

別に手伝ってほしいわけじゃない。立場の弱い人がどれほどたいへんな思いをしてるかってこと、どんなに周りが無関心で冷たいかってことを、ただ伝えたいだけ。でも、それもしょうがない。今の日本がそうさせるんだ。特に東京にいると。東京中、もっと肩の力が抜ければいいと思う、今日この頃。

もしこれを読み、だれかがどこかでくすっと笑ってくれたら、どこかでだれかの肩の力が抜けたら。みんなに子供本来の愛らしさを伝えたい!! そんな思いがひたすら私をパソコンの前へと駆り立てた。だって今しか書けないことだから。

ハウ・ファニー・ヒー・イズ　もくじ

@《イントロダクション
――彼との運命の出会いは今から三年前にさかのぼる》

…と言っても、それってかっちのことなんだけど。

一九九七年・春・ロサンゼルス。自分の体に小さな生命が宿っていることがわかり、震えた。まだ見かけには、かっちがいるのかいないのか、まったく判別不能。不安や恐さはあったが〝ママ〟には聞こえていた、かっちの声が。「僕を消さないで」って。もちろんそのつもりは微塵もなかった。そう、もうすでに〝ママ〟になっていたのだ。かっちが宿ったその瞬間から。

すくすくと育ち一九九七年十一月、日本のとある病院でかっちは生まれた。体重三一七〇グラムの男の子だった。それが、ママとかっちのどたばた二人三脚の始まりであった。

@《そうなの。かっちひとりでできないの》

子供が生まれるまで、世の中にこんなにもおかしくて不思議なものが存在することを知らなかった。子供ってあまりに純粋で、なにも知らな過ぎる（まだ三年しか生きてないから当然なんだけど。）

純粋！　だから、とってもからかい甲斐もあるのだ…えへへ。が、むこうだって日々成長するからそうそう負けてはいないんだけど。昨日までやられっぱなしだったかっちも、今日はなんか言い返してくる。それが大体訳わかんないことだったりするんだけど。三歳ってこっちが思っているより結構頭いいぞ、なんて思っていると、こっちが思っている以上に間抜けだったり。

でも男の子って基本的にはママが一番大好きで、超～甘えんぼなの。特にかっちは保育園の先生全員が太鼓判押す甘えん坊なんだけど、本人B型で超～マイペースだから、なんと言われようがぜーんぜん気にしてない様子。「かっち、ひとりでできないのおかしいよ」と言われれば、待ってましたとばかりに、「そうなの。かっちひとりでできないのおおおお」

ある日のこと、公園でお友達になった男の子のうちに遊びにいった。三輪車を体の一部のように自由自在に扱う彼に、うちら親子びっくり。かっち、後ろに三センチ進んだと喜んでいた私、ある意味ショックな光景だった。しかもすごいスピード。よ～し、かっちおまえもがんばれ～‼ と、我が子を見ると、隣で小躍りしながら一生懸命ついて回ってる。「うわーい。すごーい、すごーい‼」と無邪気に喜びながら。むむむ。

お友達のお母さんが気を遣って「かっちにも代わってあげなさい！」と言ってくれた。そうだ、かっちやってみろ～‼ が、うちの子、「だめ、だめ。かっちね、乗れないの」きっぱり断っていた。

うちの子競争心とかそういうの、ないの？ うちの子に発破かけようとしてもまず無理。いつもこんな調子だもの。あくまでマイペースだから、自分でやる気にならなきゃだめ。

そんなかっちでも、最近ばあばに買ってもらった自転車には乗れるのだ、ということがわかって、ちょっとほっとした。自転車のほうが、こぐときの足の力の入れ具合がうまくいくらしい。三輪車だと、こぐとき右の足と左の足に、均等の力が入るみたいでにっちもさっちもいかず「石がある〜石がある〜」とよく叫んでいた。もちろんなにもない。それでも、幾度かの訓練の末、後ろにはなんとか進むようになったのだが…（なぜか後ろ。）

今、すいすい進む自転車に相当ご執心のかっちである。「石がある〜」と叫ばなくなった。

@《ごめん、かっち》

事件が起こった。

買って以来自転車を、雨にも負けずどこに行くにも、どんなに遠くまでも、文句も言わずこいでいたかっち。買ってまだ一か月もたたないある日、駐車場までこいできた自転車を車のトランクに入れ、かっちを保育園に送った。

駐車場に帰ってきて時間がなかったので、自転車をそのまま入れっぱなしであたふたと仕事に行った。その日気温はぐんぐん上昇し、信じられない暑さを記録した。まだ梅雨が始まったばかりだというのに。

うちの駐車場には屋根がない。もうこの悲劇がご想像できただろうか？　夕方、かっちを迎えにいき、その帰りに買い物に行った。喜んで自転車にまたがるかっち、固まったまま久々に「石がある〜石がある〜」と、叫んだ。

なに？　私は初め「なにいってんの？　こんな平たんでなにもない舗装道路で…？」と思ったが、余りに主張するので見てみると、見事にタイヤがぺったんこ。きゃ〜、どういうこと〜？　急いで買ったところに持ってくと、前も後ろも中のゴムが一五センチほど裂け、ぱっくり開いていた。

「うわ～コリャだめだ」とお店の人。「お取り替え、一週間かかります」

そう…熱と暑さでタイヤが破裂したのだ。

「相当すごい音がしたと思いますよ。破裂したとき…」お店の人。

う～ん。ごめん、かっち。

@《アンディ》

うちら親子はよく旅行する。言っとくがお金はない（きっぱり!!）決して裕福じゃない！ でも、暇さえあればあちこち行っている。タイの友人宅で一か月以上ごろごろしていたこともある。当時かっち生後七か月であった。

去年の三月にシンガポール航空に乗ったら、チャーリー・ブラウンの人形をくれた。かっちに、「これ、チャーリー・ブラウンっていうんだよ」と、教えた。

するとかっち「え、アンディ？」

聞き違いにもほどがあるんじゃない…？　と我が子の耳を疑いつつ、「…違うよ、チャーリー・ブ・ラ・ウ・ン」と正した。

またしてもかっち「ア・ン・ディ‼」としつこい。

「…だめだ、こりゃ」

言い出したら結構頑固なところのあるかっち。この前もアイスを食べる食べないで大バトルになったばかりだ…。まったくだれに似たんだか…？

と、それはさておき、名前ぐらいどうぞ好きに呼んでちょうだい。当のかっちは、そのアンディを気に入っている様子。ずっと一緒だ。おとなしく座席に座り、アンディ相手に話したり、ままごとらしきことをしている姿は、ちょっとかわゆい。

「かっち。それ、だあれ？」

「アンディ」

う～ん、どう見てもチャーリー・ブラウンなのに…。私はなぜアンディなのか、考えあぐねた。そしてやっと気付いた。トイ・ストーリーだ。いつも見ているビデオ、トイ・ストーリーに出てくる男の子の名前だ、と。
なぞが解けて私はやっと、安らかな眠りにつくことができた。

@《ちっこいかっち》

シンガポール・チャンギ空港に着いた。飛行機を降りるとき、みんな早く降りようと一斉に立ち上がり、ただひたすら出口を目指す。私もご多分に漏れず出口だけを目指していた。しばらくして、ん？　そうそう、かっちは？　と振り向くと……いない。横のスペースでしばらく待っていると、ハアハアしながらもみくちゃのくちゃくちゃになった、よれよれのかっちが私の前に吐き出された。

かっちは私の顔を見るとほっとしたように「かっちね、かっちね、まいごになってたの」と、訴えた。右手にはお気に入りのおもちゃを入れて持ち歩く、スクールバスの形をした缶かんバックが、左手にはしっかりと〝アンディ〟が握り締められていた…。

そのとき私はかっちのこと久々に、「あら、めっちゃ、ちっこかったのね…」と思い出した。いつも存在があまりにおっきいものだからついね…。忘れてたよ、ママ。かっちがそんなにちっこかったこと。

@《かっちの三輪車》

公園に行った。滑り台やいろんな遊具を見ると、ここまで乗ってきた三輪車を（と言っても実際はひとりじゃ進まないので私が後ろから押してきたのだが）その場に乗り捨て、一目散に走っていった。目の色変えて遊びに没頭しているあいだに、かっちよりちっちゃい子供たちが、その乗り捨てられた三輪車に群がっていた。

母親たちの、「お友達のだからだめよ」と言う声が聞こえる。うちの子を見ると、三輪車のことなどはまったく忘れているようだった。

「どうぞ、どうぞ、使ってください。うちの子、今使ってませんので。いいですよ」

なんて後ろを振り向くと、すごい形相のかっちがすぐそこに。ぎょっっ（般若かと思った。）

なんなのよ。ちょっとやめてよ、その構え（本人どうやら仮面ライダーアギトのつもり。）

「かっち、使ってないでしょ」

「あれ、かっちの!! あれ、かっちのだもん!!」

「そうだけど今まで忘れてたじゃない。貸してあげなさいよ」

だれに似たのか何度も言うようだが、かっちには結構頑固なところがある。結局、三輪車を小さい子からなにがなんでも奪い返した我が子は、スーパーヒーローのように構えたまま、勝ち誇った様子でジャングルジムのほうに消えていった。

取り残されたママは、ちょっと肩身狭いじゃん。

ほんとにあんたなんナノよ？ もう。

@《知らない人に預けられて》

かっち、大丈夫かな…？　不安で小さくなってないかしら？　別れ際に見せたあの不安げな切ない顔が、脳裏に焼き付いて離れない。知らない人たちに囲まれて、ちっちゃくなってないかしら、当然よね、不安だよね…。

ごめんねかっち…あともう二時間で仕事が終わる…。そしたらすぐに迎えにいくからね、待っててね…。

気が気じゃなかった。なにしろ、いろいろないきさつから突然、まったく面識のない人の家で、一人ぽつんと私の帰りを待っているのだ。しかも明け方に突然起こされ、気付いたらまったく知らないところに。百戦錬磨のかっちもさすがに今回ばかりは不安でいっぱい胸いっぱいに違いない。早く迎えにいくことばかりを考えていた。

やっと仕事が終わり一目散でかっちの待つそのお宅へ。トントン、トントン。待ちきれず思わずドアを開け、「かっちーーー!!」と叫んだ。

「ママっ！」

部屋の奥のほうで遊んでいたかっちは私の声を聞きつけ、おもちゃを放り投げてこっちに向かってきた。

「かっち〜〜〜〜!!」

私は両手を大きく広げ、かっちを受け止める準備をして、かっちが飛び込んでくるのを待った。

「ママ〜〜〜〜〜〜〜〜〜〜〜〜!!!」

「かっち〜〜〜〜〜〜〜〜〜〜〜〜」

「ママ〜〜〜〜〜〜〜〜〜〜〜〜〜〜」

そして台所まで差し掛かったかっち、くるっと向きを変えひと言、「なに飲む？」

と冷蔵庫を開けた。

「こら〜〜〜、ひとんちの冷蔵庫を勝手に開けるんじゃありません!!」

するとかっち、「ヤクルトもあるよ」

…ママが思うより三歳児ってたくましいの、ホント…。

「ずっと、いいこでしたよ〜。とても初めてとは思えないぐらいのびのびしていて」

「あ、そうですか…」

@《高級レストランにて》

ばあばが来た。東京ディズニーランドの帰り、「夜はおいしいもの食べましょう」と、超有名な高級イタリアンのお店に行った。わかってる、そんなところにかっちを連れていった私が悪い。でも、行きたかったの。えーーーん。

恭しく席に着くなりドナルドダックの笛を吹き鳴らし、没収…。オレンジジュースが運ばれた瞬間見事にひっくり返し、要チェックナンバーワン客って視線を感じる。イクスピアリの中なので、比較的子供も多かったのだが、なぜによその子はあんなにもおとなしい…? 唯一トマトソースのスパゲティを食べてるときはおとなしかった。この際おとなしいなら、そのおそろしくあちこち（髪やら鼻の頭はちろん洋服にも）ソースだらけなのは目をつぶろう。

私たちがまだ食事を楽しんでいると、かっちは早々に「もうごちそうさま」と言い出した。もう少し料理を堪能したかったのでアイスを頼んだ（母とは時に勝手なものだ…。私だけかしら…？）

かっちの目の色が変わった。かっちはアイスが大好きで、いつもは再三催促してもなかなかもらえないのに、今日は何も言わずに出てきた。どういうことか⁇（いつもこうだと思っちゃだめよ！）

それにしても、うれしい展開にかっちまんまとおとなしい。

私たちみんな十分満足したころ、「トイレ」と、かっち。

「はい、はい、いこ」

用を済まして戻る途中「ママ〜、見て〜」と、かっち。

「ん？　なーに？」と振り向くと「かっち、すごいでしょ〜⁉」

床にぴったり這いつくばり、ホフク前進している我が子…。

え〜〜〜っと…この子のママ、どこですか〜〜？

@≪我が妹いわく――パート①≫

「かっち、ときどき口調が妙〜にあんたに似てて、かわいくないんだよね〜」

「え、なになに？　なにが？」

私は興味津々で妹に聞いた。

「う〜ん。なんか、口調がね〜。あんたそっくりなときがある」

「えっ、たとえば？」

「たとえば『あのさ〜、ちょっと、パンツ、はかしてくんない？』って、腰に手ぇあててみょ〜に偉そうに言うとき。そのときの腰の手のあて方といい、言い方といい、あんたにそっくり」

妹いわくパンツをはかせてもらうときは、もっと下手に出ろとのことである。

@《我が妹いわく――パート②》

「今日さ〜、かっち会社に連れていったら、みんなかっちのこと『B・かっち』『B・かっち』と呼んでたよ」

「B？　なにそれ？」

「かっちのミドルネームだって」

「なになに？　B型のB？」

「違う。ブルドーザーのB」

ブ、ブルドーザー、っすか…。

はあ、あんたいったいなにしてきたの？

@《かっちの遊びに垣間見る自分》

「かっちが、ママね。ママが、かっちね」

こうしてまた、人の承諾もなしにおままごとが始まった。

「ハイ、晩ご飯よ。食べなさ～い」

すっかりママになりきって言うかっち。

「かっち、アイスクリームがいい～」と、かっちになりきり駄々をこねる意外と乗りやすい私。するとかっちママ、「だ～め。あ～し～たっ!!」

口調といい、片手を腰に、片手のヒトサシ指を口元でちっちっと振りながら諭す言い方といい、目の使い方まで、恐ろしいほどよく似ていてドキッとした。

「ほら、早く食べなさい」

「こんなのいや。食べないもん」

かっちになりきり言う私。

「そんなこと言う子は、お外に出ていきなさ〜い！　がちゃ、がちゃ（鍵をかける音まで自分で言っている。）」

鍵をかけると、かっち、おもむろに手を後ろに組んで部屋の中をぐるぐる歩き始めた。時の経過を表現しているのだ。結構頭使ってる、と感心してしまった。

しばらく時間をつぶした彼はまた、「がちゃ、がちゃ」と言うと架空のドアを開け、かっち役のママに向かい、反省したかと聞いた。

子供ってほんとによく見てる。めちゃくちゃ感心してしまった。

@≪はしかのかっち≫

かっちがはしかにかかった。四十度の熱が何日も続き、体中いたるところに発疹が。口の中、目の中にもできるので、目も真っ赤に血走っていて、思わず記念に写真撮ってしまうほど人相が違う。

さすがのかっちも食欲がない。そうこうするうち一日中冬眠？　と疑うほど寝続ける日が続いた。こうなるといよいよ心配した。普段なら、四十度の熱も物ともせずによく食べ、食べるから元気で、治りも早い。その点では一度も心配かけたことがない子だった。が、はしかの威力はすごい。

「かっち、かっち」と、声をかけてもいったん目を開けたかと思うとすうーっと静かに目を閉じ、また長い眠りについてしまう。

「かっちーーー」

「お〜〜〜〜い」

ほんとに病気だ〜。ほんとに心配した。仕事を休んで看病した。早くよくなれと願いながら。

何十時間ぶりにむくっと起き上がり、おでこにひえピタを貼ったかっちが台所まで来ると、冷蔵庫を指差した。

かっち‼　それでこそかっちだ‼　この際元気になるならなんでも好きなもの食べ

ていい。アイス？　ジュース？　ぶどう？　メロン？　ジュースや果物は欲しがった。熱があり、口の中にもぶつぶつがあるので冷たい流動物がいいらしい。食べて、食べて。この日を機に、かっちめきめき回復へと向かった。

「はい、よかったね。もう、治ったと診断してもいいでしょう」

はしかと診断、隔離されて二週間後のことだった。

「今回はさすがに参りました、先生」と泣き言を言うと「なに言ってるの。医者の立場から言えば、この子はまったく手がかからなくていいよ。なんせ体力あるし、薬も飲むし、食べるから」

えっ。もっとたいへんな人もいるんだ。ひえ〜〜〜〜、勘弁して〜。

それはともかく、今日はお祝いだ〜‼　かっち、デニーズに行こう。

そして、その夜のことだった。次の事件の発端を見つけてしまったのは…。

@《かっち脱腸だったの巻》

デニーズでたらふくご飯を食べ、大満足のママとかっち。

「さあ、お風呂にはいろっか」

「うん」

先に全部脱ぎ、一足先に風呂場で体を流していたママのもと、遅れて入ってきたかっちの〝イチモツ〟を見て、びっくりした。

なに？　それ⁇

思わず、我が子の腕をむんずと鷲掴み、引き寄せ、ちんちんをじっと見た。左側の袋が紫色に腫れ上がっている。

「うそ⁇」

私は急いで服を着せ、もちろん自分も引っ掛けて、救急病院に車を飛ばした。私にはないのでちんちんのことはわからない。それだけにあせった。

初め行った病院では、「うちより○○病院に行きなさい」と、近くのもっと大きい病院を紹介してくれた。

「だって見てください、このちんちん」と、あせっていた私は病院の玄関で腫れ上がったちんちんを見せ、どんなに自分たちが緊急かを訴えた。が、「うちは子供の外科は扱ってない」と、冷たい。

とにかく埒があかない、一刻も早くその病院に向かったほうが賢明と判断した私は、車を飛ばし、そちらに向かった。

夜だというのに寝巻きを着た子供たちがいっぱい待っていた。うちらも、看護婦が症状を見ただけで、待合室で順番待ちをさせられた。

うそ？ こんなに腫れてるのに。一番に通してくれるんじゃなかったの?? 世間って結構冷たい。それでも、やきもきしながら順番を待ち、やっと、かっちの名前が呼ばれた。

診察室で先生に「どうしました？」と聞かれたママ、待ってましたとばかりにいかにいつもと違う状態で腫れていたか、どんなに異常かをひとしきり話したあと、それじゃあ、ちょっと、見せてくださいの先生の言葉に、息子のパンツを下ろすと、ほら、見てください!! と、その、素晴らしく腫れ上がったちんちんを見せようと息巻いた。が、ななななんと、あちこち行ったり来たりした挙句、安静にして待たされていたかっちのちんちんは、元通りに戻っていたのだった。きれいさっぱり、元通りだった。

「ありゃ??」

なんのことやら?? 私は我が目を疑った。

そう。脱腸とはこのような厄介な病気なのである…と、あとでわかった。

@《初めての入院・手術》

かっち、入院である。私はこの日のために有給休暇を取り、かっちと少しでも、痛みを分かち合うつもりでいた。いくら元気なかっちでも、小さい体にメスを入れるのは忍びない。代わってあげたいがこればっかりはどうしようもない。せめて入院生活ずっと一緒に付き添ってやることが、私にできる唯一のことと、ただひたすら手術の成功と、あんまりかっちの心の傷にならないことを祈った。

入院は手術の前日一日と当日、それに手術の次の日、退院の日と、あわせて四日間となる。昔は二週間かかったらしいが、技術の進歩で傷口が昔に比べて小さく、その分回復も早いそうだ。

我が子に関わることとなると、「やっぱり技術の進歩とは素晴らしいものだ…」と改めて思ってしまうから、人間とは自分本位だ。

〈入院初日〉

かっちはまだ明日わが身に起こる大事態に気付いていない。私たちは午前中手続きを済ませ、割り当てられた病室のベッドにいた。看護婦さんが忙しそうに、院の規則やら、明日の手術の手順などを、矢継ぎ早に説明してくれた。それから病院内をあちこち回り、血、抜かれ、尿、取られ、心電図やってレントゲン。かっち、小さいころから（今も十分小さいが）泣き虫のくせに、注射では一度も泣いたことがない。親の沽券に大きく関わることなので絶対に秘密だが、かっちのママは大人になった今も注射が大嫌い。いまだに針を刺す瞬間には目をつぶり、必死に違うことを考えるようにしている。みっともないのでやらないが、いいと言われれば、本当は泣き叫びたい…ので、いつも注射するとき平気な顔しているかっちに、内心すごい、と思ってしまう。

検査のあいだ中、かっちはいい子だった。と言うより、どれもこれも目新しく、新鮮に映ったらしく、興味津々。そうこうしているうちにかっちの検査は終わった。もう、お昼だった。

自分のベッドに戻り、お昼ご飯。これが病院の食事なのだ。ぬぬぬっ。

ひと言、すごい…とだけ言っておこう…。これで、伝わるだろうか??

その部屋は四人部屋だったが、かっちの対角線に小学四年生の物静かなお兄ちゃんが入院しているだけだった。なんでも、突然盲腸が痛くなって、かっちより一日前に入院したらしい。でも、今落ち着いているので、このままだと切らなくていいらしい。

彼はいつも、ベッドをカーテンで仕切ってコロコロコミックを読んでいた。

そこの病棟は小児病棟で、小さな子がいっぱいいたが、みんな片手にキティちゃんとかピカチュウがマジックで書かれた紙コップをつけていた。不思議な光景だったが、あとでわかることとなる。

次の日の朝手術なので、今日の夜十時以降、なにも口にしてはいけなかったが、そんなのもう寝ている時間なので、なんてことなかった。

それより、プレイルームはあるわ、子供たちはいっぱいいるわ、ママはいるわで、かっち大はしゃぎだった。プレイルームでは、ナースルームで管理しているビデオを借りて見ることもできた。なかなかよいかも。

夜の六時、夕食の時間。

昼ご飯より驚いた。お皿の上が真っ白なのだ。どういう意味かって？　主食がご飯で、メインのおかずが冷奴なのだ。しかも、ドカンとパックをひっくり返しただけのような。私のより手抜き料理かも。内心、かっちが食べるかどうか心配した。でも、そんなこと言っていられない。食べさせないと、明日は一日食べられない。

事情を知らないかっちはのんきに「もう～いい～」とか「いらな～い」なんてなかなか食べないのを無理やり押し込み全部食べさせ、夕食が終わった。

夜八時。簡易ベッドを自分で持ってきて、かっちのベッドの横に広げた。これまたびっくりした。人一人分の大きさのベッドと布団で、寝返りも打てない大きさだった。世の中まだまだ私の知らない世界が存在するのだ。

夜九時。取りあえず消灯。電気が消えるとかっちの添い寝をしているついでを装い、かっちの横にぶん取り、大の字になって寝た。

〈入院2日目〉

朝六時。容赦なく電気がこうこうとつき、看護婦さんが起こしに回る。かっちなにがなんだかわからず眠い目をこすっている。かっちの横で寝たママは、使われなかった簡易ベッドをしまいにいった。歯磨きして顔を洗っていると、看護婦さんが検温と脈拍、血圧を計りにきた。

いよいよ今日だ。私はそんなことをボ～ッとした頭で考えていると、かっちいつものように、「おなかすいた～」

そうそう今日はなんと一日食べられないのだ。どうしよう…。生まれてから今日まで、機嫌が悪くなると食べ物で釣ってきた。かっちもまた食べてるとそれでご機嫌な子だった。いったい今日はどうなるのだろう…?

心配で、手術経験のある友人に電話すると、変なこと心配するなと笑われた。手術が終わったその日はとても食欲なんて湧いてこない、特に全身麻酔から覚めたあとっていうのは、気持ち悪くてそれどころじゃないよ、と。

ふ～ん。そうゆうものなのか、と今まで一度も体にメスを入れたことがない超ー健康体のママは思った。

朝の八時。浣腸され、腸の中にあるものを全て出す。それまで結構ご機嫌だったかっちは、突然の仕打ちにさすがに暴れた。トイレに連れていかれ、便座にしゃがまされ「ハイ、力んで」と、看護婦さん。

泣きべそかきながらも、「一人でする〜」

意外としっかりしている。そう、それじゃあと、トイレを出て、ちょっと離れたところから見守った。心配だったのだ。するとかっち「そこ閉めて〜」

みんなに見守られては、出るものも出ないらしい。

うんちを済ませると手術用のぺらぺらのスモック一枚に着替えさせられ、腕に生まれたときにつけられていたような、白い腕輪がはめられた。なにやら長い番号と名前が書かれていた。自分のベッドでそのときを待つのだが、かっちはプレイルームに行きたいとずっと訴えていた。

だがしばらくして、またお尻から入れられた薬でかっちは見る見る立てなくなり、ベッドに横たわり、弱々しく私を見つめていた。あまりの効き目に薬の力のすごさを思い知った。

朝九時。いよいよだ。小さな箱に乗せられ、手術室に消えていった。

手術は正味一時間だ。祈るような思いで待合室にいた。待合室はエレベーターのまん前にある。待っているあいだ二度ほど、昨日のうちら親子のように、エレベーターを降り、どっちに行けばいいのかうろうろ迷っている、大きな荷物を持った子連れのお母さんに道を教えた。小児病棟はとても見つけにくい場所にあるのだ。

しばらくすると、マイクで名前が呼ばれ、手術室に入るようにと言われた。私は冷たい無愛想な手術室の扉を開け、中に入った。

そこには我が子の姿は見えず、一番の責任者と思われる白衣の紳士は、手術用のゴム手袋をはめた手に、なにやら不気味なものを持って立っていた。そう、手術で取り出したかっちの一部である。

ヒエ、思わずひるみそうになるのをぐっとこらえ、先生の話を聞いた。

どうやら無事手術は終わったらしい。麻酔が覚めるまでもうしばらく時間がかかるので、お母さんは引き続き待合室で待っていてくださいと言われた。かっちには会えなかったが、とりあえずほっとした気持ちで手術室の扉を開けると、ちょうど妹が見舞いにきてくれたところに出くわした。

手術室のすぐ脇で、二人でいろいろ話し込んでいるうちに、すっかり麻酔も覚め、なにがなんだかわからないで興奮状態のかっちが、私たちと行き違いで、先に部屋に戻っていた。

しばらくたって、慌てて探し回っていた様子の看護婦さんに、「どこにいたんですかっ！」と声かけられ、かっちがもうとっくに手術室を出たことを知り、病室へと急いだ。

病室に入ると、そこには高くそびえ立つ柵の中に、天井からつながれた点滴のチューブを食いちぎろうとするかっちの姿と、それを取り押さえようと懸命の、四、五人の看護婦さんの姿があった。

蹴るわ噛むわ、その力のすごさに看護婦さん全員必死だった。こんなときになんだが、柵をガタガタいわせ、なんとか乗り越えようとするかっちの姿は、おりに捕獲された、暴れるゴリラの姿をほうふつさせた。そのかっちの点滴をした手には、昨日見たキティちゃんの絵が書かれた紙コップがはまっていた。

そう、これでわかった、昨日の謎が。子供が手の甲に刺した針を引っこ抜かないよう、紙コップでカバーしていたのだった。

「ママ〜、おなかすいた〜」

私の顔を見るなり大声で訴えるかっち。ほら、やっぱり〜。母親が一番子供のことがわかるもんなのよ〜と再確認したそのとき。それはまだほんの午前十一時のことだった。それからが悲劇だった。

普通の子は、たいてい二〜三時間は泣き疲れて寝るらしい。並外れた体力のかっち、一睡もせずに「おなかすいた〜」と「おもちゃのとこ行きたい」をくり返しくり返し訴え続けた。

点滴が終わるまで、一歩もここを動いてはいけないと言われた。「いつ終わるんですか」と聞くと、だいたい午後七時ごろとの答えに、気が遠くなりそうだった。

私は絵本についていた、食べ物がたくさん載っている大きな表を広げ、ご飯が食べられるようになったらなに食べたい?? とシミュレーションごっこを始めた。

かっちは真剣に悩み、「う～んとね～、う～んとね～、これ～!!」っと、ホットケーキを指差した。よーし食べよう!! じゃあ、ほかには??

なんてやってるうちに、対角線上にいたお兄ちゃんは退院し、代わりにさっき私が道案内した親子が、かっちのとなりのベッドにいることに気付いた。なんでも、かっちと同じで明日手術らしい。六歳の女の子だった。

さっきからかっちの行動一部始終見ていた親子は、初め結構ひいていたが、次第に仲良くなり、女の子はかいがいしく折り紙やお絵かきなど教えてくれた。かっちもすっかりなつき、楽しんでいた。

それでも、ときどき思い出したように「おなかすいた～」と叫んでは、さっきの表を出してきてシミュレーションをしてしのぎ、「おもちゃのところ～」と叫べば、なにかおもちゃを借りてきてその場をしのいだ。

私はかっちの点滴が早く終わるようにと、落ちる速度を少し速めておいた。看護婦さんが、様子を見にくるたびに速度が速まってるのに気付き、頻繁に見にくるようになってしまった。

結局終わったのは、やっぱり夜の七時過ぎだった。それでも、終わったときにはまた一つ、なにかクリアしたような、ほっとした気持ちになった。

かっちはもうプレイルームに消え、とっくにこの場にいない。ベッドに取り残された私は今のうちに…と今日初めてのちゃんとした食事（と、言ってもコンビニで買っておいたカップめんなのだが）を取った。

大変だった今日一日。めちゃくちゃ長く感じた今日一日。よくがんばったと自分を励まし、すでに暮れている寒そうな窓の外を眺めながらラーメンを啜った。

あと一時間で消灯。食事が済むと、また使わない簡易ベッドを引きずり出してきた。

かっちは二時間でもプレイルームで遊んだので気が済んだらしい。歯磨きして寝支度を済ませると午後九時。疲れ果てた親子はすぐに眠りについた。

〈3日目の朝〉

三日目ともなると、二人とも勝手がわかり、主のようになっている。朝六時に起こされ、検温、脈拍、血圧を計ると、プレイルームのカーテンを開け、電気をつけたのはかっちである。

すぐさまナースステーションに行き、これこれと、自分の見たいビデオを指差し、受け取ると朝ご飯まで見続け、朝ご飯をもりもり食べ、またプレイルームに戻り、遊び続けた。

今日は隣のおねえちゃんの番だ。お母さんは「明日にはああだからね」と、元気いっぱい病院の廊下を走り回るかっちを指差し、励ましていた。もう六歳の少女には手術の意味も今から自分の身に起こる恐怖も全てわかるのだ。かっちは訳がわからないまま終わってしまったので、そういう意味ではよかったのかもしれない。

六歳の女の子は感情に訴えてくるので聞いてると余計辛い。いかに自分が恐怖を感じているか、どれほど苦痛か、切々と巧みな言葉で訴えてくるので同情を誘う。

そのうち、その少女も、八時半になりお尻から薬を入れられると、ろれつが回らなくなり、ベッドに寝かされ、手術の時を待つだけとなった。

手術から帰ってきた少女は、やはりかっちと同じようにかなり興奮し、泣き叫んでいたが、ほどなく泣き疲れ、眠ってしまった。

…ほんとだ。私は思った。看護婦さんの言う通り、泣き疲れて寝るんだ、普通は。

その少女の術後の行動は、かっちのそれとは随分違っていた。どことなく物憂げで元気がない。夜の八時になり、付き添っていたお母さんが帰ると、ずーっと泣いていた。四歳以上の子は、夜の保護者の付き添いは許されないのだ。彼女は気付いていないだろうが、寝たあとも、寝言で「ま〜ま〜、ま〜ま〜」と、何度も何度も叫び、泣いていた。心配で、何度も励まそうと女の子の顔をのぞきにいくと、確かに寝ているのだ。心の傷にならなければいいのだが。

ガーガー寝ているかっちに足蹴にされながら、暗がりの中、一人心配した。

〈入院4日目〉

朝ご飯が運ばれても、気持ちが悪いといって手をつけない。…もちろんその少女のことだ。

隣でかっちはもりもり食べ、それどころか自分の分はすっかり平らげたかっちは、どこから見つけてきたのか、隠しておいた私のクリームパンまでかぶりついている。

少女に「それじゃあなにか飲む？」と聞くと「麦茶が飲みたい」と言うので、買ってきて飲ませると、いきなり嘔吐を始めた。昨日なにも食べていないので、吐くものないのにげーげー苦しそう。でも、朝の看護婦さんはいろいろ忙しい。お母さんも、まだ面会時間じゃないのでいない。

幸か不幸か、こういうシチュエーションに慣れている私は、背中をさすり、嘔吐物を処理すると、水でうがいさせ、彼女を寝かせ、看護婦さんに吐いたことを報告し、彼女の机の引き出しにあったおうちの電話番号に電話し、彼女がお母さんを必要としているので、一刻も早く来てあげてくださいと伝えた。

彼女のことは気になったが、一刻も早く外の空気が吸いたかった。せめて、彼女の母親が来るまではいてあげようかとも思ったが、看護婦さんもいるし、なんだかおせっかいな気がして止めた。

帰り支度を済ませ、きれいに片付いたベッドは、もとの殺風景な、味気ない顔を取り戻した。最低限の機能だけを備えた部屋が嫌で、いろいろと飾り立てるものをうちから持ってきていた。たった四日の入院とは思えないほどの大荷物だった。

うちら親子が「がんばってね」と少女にお別れの挨拶をすると、ますます不安な顔になり、目を曇らせた。

病室を出て、廊下をまっすぐ行った角にナースステーションがある。かっちが開いてるドアから顔をのぞかせ「お世話になりました〜!!」と大きな声で挨拶すると、そこにいる六、七人の、忙しそうにしていた看護婦さんや先生は、みんな驚いて、いっせいにかっちのことを見た。

そんなこと言うなんて、どうやらまったく予想外だったらしい。無理もない。親ですら予想外だったのだから。みんなにいっせいに見られたかっち、ちょっと照れくさそうにその場を離れ、走っていってしまった。

そんな後ろ姿を眺め、辛い思いをして少しお兄ちゃんになったではないか、と母として少し嬉しいママだった。

病院を一歩出ると、すがすがしい青空が広がっていた。二人で思いっきり深呼吸した。ちょっと冷やっと張り詰めた空気が頬にあたって気持ちいい、忘れもしない十一月八日。間もなくお昼、かっちの退院となった。

たった四日間の出来事だったが、もう随分外に出ていない気がした。私たちは駐車してある車まで歩き始めた。

「かっち、お昼なに食べようか」

「たこやき」

「じゃあ、イトーヨーカドーに行こう！」

「うん」

「ママ」

「ん？」

「楽しかったね、病院」

病院を去るとき、かっちの言った言葉だった。

@《ママの想い》

「だって、かっち、ママのこと大すきなんだもん‼」

これはよく、かっちが口にする言葉である。

甘えんぼで、いつまでもママ、ママ言ってるかっちに、男の子なので、もっと強くなってほしいと願うあまり、時にはつい、きつく叱ることもある。彼には父親がいないので、時に私がその役を演じることもある。自分の勝手な選択の結果、課せられた責務だと思うからだ。

私が仕事に出ると、二、三日帰ってこられない日もあることを知っているせいか、かっちのママへの執着は、人一倍強い。私が家にいるときは、かっちの完全マークが入る。遊んでいるときも、ご飯を食べるときも、お買い物に行っても、トイレだってママがそばにいるか、常に気にしているのだ。私の姿が見えなくなると、すぐに「ママ〜？　どこ〜？」と確認する。

そんなかっちを見ると、ちょっと、くじけそうにもなるが、自分の選んだ道を常に信じ、がんばるママの姿を見て育ったかっちは、きっと将来ママのことを理解してくれるとひたすら信じ、今を大切に生きている。

子供の成長はほんとに早い。一つひとつ大事に、一つでも多くのことを、この目で見ておきたいと思う。少しでも多くの思い出を記憶の中に留めるために、ママはその瞬間瞬間を、可能な限り、逃さないようにしているの。だって、この瞬間も、どんどんあなたは成長しているのだから。

@《キャンプ・ネポス》

うちの家は東京ディズニーランドにすごく近い。最近できたイクスピアリなんてお散歩コース。この前お友達が来たのでイクスピアリに連れていった。

男の子と女の子は本当に根本的に違う。お友達の子は女の子で超ー現実的。うちの子はよく子供らしい子供と言われるが、とってもわかり易くいたって単純。

イクスピアリの中にあるキャンプ・ネポスという、何時間か子供たちだけでその中を探検し、そのあいだママたちはお買い物できるという優れものの施設がある。

二人に「二人で探検してくる？」と、キャンプ・ネポスを指差すと、かっち、両手を上げて大喜び。その横で、かっちのお友達の〝のんちゃん〟超〜冷静。

「それって私たち預けられるってこと?」と鋭い。

「女の子って違うね〜」と感心していると、さらにとどめのもう一言。

「でも、いいわ、楽しけりゃ」

だって。ひゃーたまげた。

その横でなにも考えず、ひたすら喜び、くるくる回っているうちの子を見ながら、この子がそんなことを言う日がくるのだろうか…? と、首をかしげた。

しかし女の子って恐いぐらい現実的…。

@《インド洋の上で》

かっちと二人でモルジブに行った。

インド洋に浮かぶ常夏の島。ゆったりとした時を過ごすため、部屋にはあえてなにもない。時計も、ラジオも、なにも…。あるのはただひたすら真っ青な空、海、白い砂…。

部屋に入ったかっち、ひと言。

「テレビは（どこ）？」

これから十日間、奴と二人でだいじょうぶだろうか…？

気を取り直してお散歩に出かけた。白い砂の上を歩いていると、さすがに三歳児、やっぱり自然がいいのだ。楽しそう…。

遠くてもやっぱり来てよかった。すれ違う人すれ違う人みんなかっちに話し掛けてくる。モルジブの人はほんとに子供が好きなのだ。

いつもは、めちゃめちゃ人懐っこいかっちが、かたくなに私の後ろに隠れている。

「どうしたの？　こんにちは、は？」

「だって…こわい…」

な〜にが〜？　と、見てみると、う〜ん、確かに現地の人、みんな日焼けして真っ黒で、なんだかぎらぎらしてる…恐いかも。

ランチタイム。席に着くと、早速現地の人、すれ違いざまにかっちのほっぺをつつきながら「コニチワ〜」

するとかっち笑いながら「今、いらっしゃいませが『コニチワ〜』だってえ」

ちょっと、いらっしゃいませって、だれのことよ⁇

@《笑うトリ》

なんというトリだろう？

ペリカンみたいでもあり、アヒルのようでもあり…。

私は近づいて、いろいろちょっかい出してみた。とってもおとなしい。そのうち後ろーーのほうで、おっかなびっくり様子をうかがっていたかっち、少しずつ少しずつ近づいてきた。

なにも危害がなさそうなのを見て取ると、「ほら、ママ、見てこれ。かわいいね〜」

と、そのトリの目の前で指差した。

と、その瞬間、食われた。

トリはかっちの指をパクッとくわえ「カーーーーッカッカッカッカ」と、高らかに笑った。

「ゴガーーーーーーーーー」っと‼　訳わかんない声というより音を発し、呆けた顔で驚きを隠せないかっち。恐さのあまり口をあんぐり開けたまま固まっている。

ムンクの〝叫び〟という絵をご存じだろうか？　まさにあんな感じだ。

しまった。

またとないシャッターチャンスを逃してしまった。そのときのかっちの表情と言ったら。ちょっとやそっとじゃお目にかかれないわよ、まったく…。う〜む、ホント残念。

言うまでもなく、かっちはその後、決してその鳥に近づこうとはしなかった。

@《ひたれない現実》

果てしなく広がる海。青い空。心地よい汐風を頬に受け、昼下がりのソファに火照った体を沈め、飲むカクテル。

う～ん。ほんとに来てよかった。遠かったけど…。

「ママ～、ママ～」

「な、なによ。人がせっかくひたっているのに」

「ママ…」

見るとオレンジジュースなみなみのテーブル…かっち、眉毛が八の字になってる…。あ、そうそう、これが現実。あたしは子持ち。

「いいよ。いいよ。今度は気をつけてね」と今日はなんだかやさしい私。かっちも、ママがやさしいのは本能で嗅ぎ分ける。

「ねえ！　早く‼　かっちのオレンジジュースっっ‼」

もう一杯たのめと、催促しているのである。

なにお〜、一杯八百円もするオレンジジュースなんだぞ〜。

「水にしなさい」

やっぱり手放しにやさしくなれない、変なとこせこい私であった。

@《不思議な生き物》

私が思うに、子供の性格は生まれたときから決まっている。もちろん、訓練や、環境、教育、いろんな要素でいかようにもなる。が、根底にある基本的な性格、自然にそうしてしまう行動は決まっている。と、私は思う。

だから、その子のいいところ、性向をいち早く把握し、認めてあげることはとても大事だ。と、私は思っている。

彼がまだ一歳と半年ぐらいのとき、会社の仲間とホテルのフレンチレストランでお食事する機会があった。十人以上集まり、ホテルの個室に通され、かっちただならぬ雰囲気に、たちまち夕方の朝顔のようにしぼんでいってしまった。

みんな、なんとかかっちの心を開こうと、手を替え品を替えがんばったが、一度閉じた貝の口は、なかなか開けられない。そのうち、コースも終盤、デザートタイムとなった。かっちはずっとしぼみきったままだ。

が、恭しく運ばれてきたデザートに一つ、添えられていたイチゴが流れを変えた。それまでしぼみっぱなしだったかっちが、そおっと私のお皿に手を伸ばし、おもむろにイチゴをつかんだのだ。

それを見逃さなかった仲間の一人が、自分のイチゴをかっちに向けてみると、頭はじっとうつむいたまま手だけそっと伸ばし、そのイチゴをつかみ、口に運んだ。それを見ていたみんなが次々と自分のイチゴをかっちにあげ始めた。

こうして、かっちはうつむいたまま、決して顔を上げることなく、一個一個、口に入れては手だけを伸ばし、十個全てのいちごを平らげると、また貝のようにしぼんでいった。

う～ん…不思議な生き物だ。

@《かっちの食欲について――その①》

かっちは普段、保育園に通っている。かっちは慣れるまでが大変だが、慣れると違う意味で大変である。

保育園でも、いつも「蹴った、蹴られた」「噛んだ、噛まれた」太もものなかのなんで～⁇っと思うようなところに歯形をつけて帰ってきたこともある。連絡帳を見ると、今日あった一日の行動が手に取るようにわかって面白い。

私の友達はうちに遊びにくると決まって「あれ、見せて」そう、連絡帳のことである。人の子の連絡帳なんて見て面白いのだろうか？　と、いつも思うのだが、彼女はとても楽しみにしている。そう、彼女はかっちがまだ一歳にも満たないときに、彼の

郵便はがき

恐縮ですが
切手を貼っ
てお出しく
ださい

1600022

東京都新宿区
新宿1－10－1

（株）文芸社

ご愛読者カード係行

書　名					
お買上 書店名	都道府県　　市区郡　　書店				
ふりがな お名前			明治 大正 昭和　　年生　　歳		
ふりがな ご住所	□□□-□□□□			性別 男・女	
お電話 番　号	（書籍ご注文の際に必要です）	ご職業			

お買い求めの動機
1．書店店頭で見て　2．小社の目録を見て　3．人にすすめられて
4．新聞広告、雑誌記事、書評を見て（新聞、雑誌名　　　　　）

上の質問に1.と答えられた方の直接的な動機
1.タイトル　2.著者　3.目次　4.カバーデザイン　5.帯　6.その他（　　　）

ご購読新聞　　　新聞	ご購読雑誌

文芸社の本をお買い求めいただき誠にありがとうございます。

この愛読者カードは今後の小社出版の企画およびイベント等の資料として役立たせていただきます。

本書についてのご意見、ご感想をお聞かせください。 ① 内容について
② カバー、タイトルについて
今後、とりあげてほしいテーマを掲げてください。
最近読んでおもしろかった本と、その理由をお聞かせください。
ご自分の研究成果やお考えを出版してみたいというお気持ちはありますか。 ある　ない　内容・テーマ（　　）
「ある」場合、小社から出版のご案内を希望されますか。 する　しない

ご協力ありがとうございました。


〈ブックサービスのご案内〉

小社では、書籍の直接販売を料金着払いの宅急便サービスにて承っております。ご購入希望がございましたら下の欄に書名と冊数をお書きの上ご返送ください。(送料1回380円)

ご注文書名	冊数	ご注文書名	冊数
	冊		冊
	冊		冊

並々ならぬ食への執着を、「この子は前世、インドの橋の下で五歳まで生きられなかった子だ」と、言い切った友人だ。失礼ね、もう。でも、実にうまいこと言うな、と感心してしまった。

なんせ、まだ歯もない、離乳食も始まっていない、ハイハイもできないベビーのころに、そばにおいてあったパンの袋の中の、自分の顔より大きなパンに、顔をうずめてハムハムしていた。あっちにもこっちにもべろべろのハグキの跡が。え〜ん、油断した私が悪かった。

思い起こせばこれはほんの、序幕であった。

@《かっちの食欲について――その②》

二月四日（金曜日）

最近お昼ご飯を食べ終えるのが一番です。

たまにキャベツや白菜などが嫌で苦戦していますが、それでも早いです。

二月十五日（火曜日）
ご飯をおかわりしても、食べ終えたのは、一番でした。
「早いねー」と言うと、とても満足げなかっちでした。

二月十九日（土曜日）
昼食時、「パン。パン」と嬉しそうにパンを三つも食べました。
「たくさん食べたねー」と言うと、さらに「ぱん！」と言っていました。（笑）

…と、連絡帳で一番誉められること、それはかっちの食欲なのである。その点においてはうちの子は、一切苦労がなかった。生まれてこの方、食事のことで大変だった記憶がない。

子供が離乳食を食べなくて苦労するお母さんの話をよく聞く。かっちは野菜も大好きで、なんでもよく食べる。出されたものだけじゃ足りなくて、私の皿に黙って手を伸ばし、取り合うこともしばしば。私もあげればいいんだけど、自分の食べたいものだったりすると、つい本気になって取り合っちゃう。

私たちの好みは恐いぐらい似ている…というより私の味覚が子供のころから一向に変わってないのだ。いまだにコーヒー飲めないし、グラタン、コーンスープ、スパゲティだーい好きなのだ。本当は、栄養とか考えなければ、毎日好きなものばっかり食べて暮らしたいと思ってるぐらい。

本気で取り合ったあと、「ちょっと大人気なかったわ」と反省はする。「幼児がこんなに食べてもいいのか?」とも思うが、決して太ってないので、食べたいだけ食べさせている。もちろん、バランスよい食事だけは心がけているんだけど。

ふと、高校のころバスケットをしていて一日五合の米を平らげていたという、身長一八七センチの、ある知り合いの男を思い出してしまった。

三歳でこの食欲だから中学生、高校生になって、もし部活なんかするようになったらどんな食欲?? と思うとちょっと恐いがそれは考えまい。

まだかっちが生まれる前、私は一合の米を炊き、二日はもった。今、二人で二合の米を炊き、朝から晩までで食べ尽くす。ううむ、この差は大きい。

@《子連れで買い物――その①》

かっちをベビーカーに乗せ、パン屋に行った。私はパンが大好きで、パン屋に入ると夢中になる。でも、ベビーカーを押す側から言わせてもらうと、狭い。所狭しと、パンが置いてあって、うまくまっすぐ進めない。しかも、片手にトング、片手にトレイ。どうやって、ベビーカーを押せというの?

それでもまあ、パンをなんとか無事に買い終えて店を出た。疲れたので、近くのベンチでちょっと休憩。今買ったパン食べながら。グッドアイディアでしょ? 私はジユースを買って、ベンチに座った。くるっとベビーカーをこっちに向け、かっちとご対面。

知ってます？　ベビーカーって意外と子供がなにしているのか見えないの。なんと、ロールパンを手に持ち、すでにものすごい顔で食いついていたの、かっち。大慌てでロールパンのお金を払いにもどった私。子供が生まれて、少々のことじゃ動じなくなりました。

自動扉の隙間に挟まって、くもの巣に引っ掛かった虫みたいに動きを封じられ、ばたばたしているかっちを引っ張り出したことも、スカートの裾にかっちのうんこつけて、ひらひらさせながら、鼻歌歌って自転車こいでたこともある。

@《子連れで買い物——その②》

かっちをカートに乗せて買い物をしていると、カートの中から果物や野菜、なんでも取って食べようとするから、阻止するのが大変って時期があった。かごがいっぱいになってくると、手が届くのだ、これが。かっち一歳前後の出来事だった。

なんにでも、興味を持つのはいいけど、ほんと、何回引き離しても、また次から次に取るから気が気じゃない。後ろを振り返っては届いたものを抱え込み、ひたすらかじりついている。

たいがいは阻止するけど、それでも阻止し切れなくて、レジの人が歯形のついたアボカドやキャベツをスキャナーに通すときは、ちょっと恥ずかしかった。

今かっち、三歳。試食にはまっている。でも、お上品だから、欲しいんだけど自分から取りにいくようなことはしない。向こうから勧められても、絶対に取らない。じゃあ、どうやって手に入れるのか？

「ママ、かっち、ちょっとあれ食べたいんだけど…」

私が取りにいくのである。

@《脱いだ靴下の行方》

かっち一歳、よちよち歩きのかわいい盛り。近くのお友達の家で遊んでいた。

そこにはかっちと似たり寄ったりの年頃の男の子がいたので、二人でいると静かに遊んでいる。

私たちは若い二人の好きにさせ、大人は大人の世界を楽しむべく、お茶したりおしゃべりに夢中になっていた。

随分長いことだらだらしていたら、結構な時間になってしまった。

「そろそろ帰るわ」と帰り支度を始め、かっちが靴下をはいていないことに気付いた。

あれ？　今日、外はかなり寒く、来るときは確かにはかせてきた。でも今、素足。

どっかに脱いだんだ。でもどこ？

必死で探すけど、見当たらない。記憶の糸をたどり、かっちの遊んだ経路を思い起こしてみた。

一つだけ、まさか？　であって欲しいが、思い当たるところが…。

そう、さっきかっちはしきりに米びつストッカーのふたを開けたり閉じたり開けたり閉じたり。うちの家にないので、ものめずらしかったのだろう。取り付かれたように開けたり閉じたりを、ひたすら繰り返していた。

かっちはときどき変なことに夢中になるので、いつものことと放っておいた。

いやだ！　まさか⁉

米びつのふたを開け、中をのぞいてみると、真っ白な米の上にポイポイと、脱ぎたてほやほやの、見覚えのあるちっこい靴下がのっかっている。げっ‼

…ゴメン…。ゆっくり後ろを振り向き、気まずそうな私の態度に、友人もことを悟った。

まったく昔から、片時も目の離せないかっちである。

@《かっちの限界》

かっちと二人、ばあばのうちを訪ねた。ばあばは、食に関しては、ママのように食べ過ぎ～とか、あれだめこれだめ言わない。食べたいものを、比較的好きなだけ食べてもよいのだ。わたしも、たまにはと、さほど口うるさく言わないようにしている。

夜、近くの中華レストランにご飯を食べにいった。「おまんじゅう、おまんじゅう」とうるさい。肉まんを頬張るかっち。今日も、よく食べた。

家に帰り、今日買ってきた食料を冷蔵庫に入れているとき、ヨーグルトを入れるのを彼は見逃さなかった。

「食べるー食べるー」

もういいや、と私は戦いもせず素直に与えた。

ばあばがテレビを見ているあいだ、かっちとお風呂に入った。

「ん～ん、気持ちいいね～、一番風呂は～」と、上機嫌の私は体を洗おうと洗い場に出た。頭にシャンプーをつけ、ごしごしあわ立てていると、「ママ〜、ママ〜」と弱々しいかっちの声。

「なに？」とかっちのほうを向くと「げぼしちゃった…」とすまなそう…。なに〜???と湯船をのぞくと、一番最後に食べたヨーグルトが、そっくりそのまま固まって、ぷかぷかと浮かんでるではないか!!

キャ〜と、とっさに湯桶ですくい、湯船をチェックした。うん。オッケー、きれいきれい。

うちら親子が上がると、テレビを見ていたばあばが風呂場に向かった。

ごめん、ばあば。

@《寝る前の大騒動》

ショックなことが起こった。大事件だ。

いつものように、かっちと二人で寝ようと二階に上がった。寝室の電気をつけると、天井に、でっかい黒々としたゴキブリが一匹張り付いていた。ショックだった。今まで うちにゴキブリはいないと思っていたのに。それも寝室に。

なんで？　私がなにをしたって言うの？

寝るどころではなくなってしまった。私の戦闘意欲をすばやくキャッチし、今まで おねむモードに入っていたかっちの目がらんらんとしてきた。なにやら面白いことが起こるらしい。

ベッドによじ上り、「いけ～、ママ、がんばれ～、やっつけろ～」と、後ろで応援している。

私はスリッパじゃ届かないと思い、下からクイックルワイパーを持ってきて振り回した。とはいえ、私も内心、飛んだらどうしようとおっかなびっくりだったので、うまく捕まえることができなかった。

今まで張り付いていたゴキブリは危険を察知し、物凄いスピードで動き出した。

内に押し殺していた恐怖がつい口に出て、私はぎゃーぎゃーわめきながらも、今ここでなんとかしとめなければという使命感で追いかけた。かっちの興奮も頂点に達している。

隠れ場所を求め、こそこそ動き回るゴキブリ。

そうはさせるかと行く手を阻む私。

ベッドの上ではしきりにエールを送るかっちが。

こんな夜になにやってんのか？　こら〜、そんな汚い体であちこち動き回るな〜。止まれ〜、お願いだから止まってくれ〜。え〜ん。

そのうち、ゴキブリは物凄い速さでエアコンの後ろに隠れてしまった。私は超〜昔の、いつ買ったかもわからない殺虫剤を、エアコンの周りに振りかけた。果たして消費期限ってあるのか？　この際どうでもいい。だって、ほかに殺虫剤ないんだもの。ほとんど使い切らんばかりの勢いで、エアコンのあたりにふりかけ、しばらく様子をうかがった。

なにも起こらない。逃げられたのか？

疲れ果て、エアコンのあたりを見つめ、がっくり放心していると、後ろから、かっちひと言、「カブトムシ、どっか行っちゃったね」

私は静かに振り返り、ボーッと考えた。片手にクイックルワイパー、片手に殺虫剤を握り締め…。

カブトムシだったらいいわよ。捕まえて売ればお金になるもの。

@《こうしてまた、夜はふける》

子供を見ていると、今日中に絶対やってしまわなくてはならない大事なことなんて、この世に一つもない!!…と思えてくる。

ピカチュウが、ラムネを取って、一個ずつ渡してくれるというお菓子がある。中のラムネがなくなると、別売りのを買ってくれればまた、半永久的に使える。

今日、昼間にその別売りのラムネをスーパーで買ってきた。お風呂から上がるとかっち、テーブルに置いてあるラムネを見つけ、「ねえ？　ピカチュー（の容器）は？ピカチューは？」と騒ぎ出した。

「おもちゃ箱にあるから探してごらん」

「ママ、探してごらん」

「かっち、探してごらん」

「かっちできないもん」

「じゃ、ラムネ食べられないね」

「かっち、探す」

「偉い、偉い」

離れたところでイスに座り、紅茶でも飲みながら様子を見ていると面白い。

しばらくごそごそしていると、以前ばあばにディズニーランドで買ってもらった、プーさんが電気でぴかぴか光りながら回るおもちゃを見つけた。最初は座ってボタンを押したり離したりするだけだったが、そのうち立ち上がり、プーさんを持った手を高く掲げてくるくる回ったり、両手で前に持ち、剣のように構え（どうやら本人仮面ライダーらしい）真剣に遊び始めた。

しばらくすると、こんなことをしてる場合ではなかったと思い出したようで、プーさんを傍らに置き、私のほうに来ると、「ママ〜、なかった〜」と、訴えた。

「ちゃんと探した？」

「うん、探したよ」

「もう一回がんばって探してごらん、絶対あるから」

「うん」と、彼はとことこと、おもちゃ箱のほうへ戻っていった。

また、ちっちゃい足を折りたたみ、おもちゃ箱の前に正座をして探し始めた。ほどなく、また、むかーし、お蕎麦屋さんのお子様メニューでもらったおもちゃの車を発見した。これまた最初は車のタイヤをてのひらで転がしているだけだったが、そのうち「ぶ〜ん」とか言いながら、車を走らせ始めた。

「ぶ〜ん、ぶ〜〜ん」

エンジン音も快調で、あっちに行ったりこっちに行ったり、軽快に走っている。

また、しばらく遊んだころ、かっちはなにか、大事な使命を思い出し、こちらに向かってきた。

「ママ〜、ないよ〜」

そんなの全然探したうちには入らん‼ とは思いつつも、そこは大人のママ「ちゃんと探してごらん。どれ、じゃ、一緒に探してあげるから」と一緒に探してあげることにした。

「うん」と、かっち嬉しそう。

おもちゃ箱をのぞくと、出てくる出てくる、いっぱい持ってるね〜。

お金は一向にたまらないのに、おもちゃってなんでこんなにたまるんだろう？ 買わないようにしてるのに、どこからかもらってきたり、なにかのおまけだったり、ばあばのプレゼント、といろいろなルートからたまるようになっているのだ。中には私もついついムキになって遊んでしまう懐かしいおもちゃもある。

〝吹き上げ〟っておもちゃ知ってる？　プラスチックでできていて、軽い小さなボールをパイプのようなものの先に乗せて遊ぶおもちゃ。

そおっと息を吹き込み、吹き上げるというだけのシンプルな遊びだが、強く吹きすぎるとどっか飛んでっちゃうし、弱すぎると吹き上がらない。微妙な吹き加減が難しい。なあんて、かっちと取り合いながらひと通り遊ぶと、かっち「次はご本読んで」

「いいよ」

これがまた、少々めんどっちいのだが、お話を始めるときのルールってものがある。ひと通り歌を歌い、始まり始まり〜と手を叩き、タイトルを言う。保育園でそうしているらしい。

かっちには、絶対これをしてから、という掟がときどきある。忙しいときにはいらつくが、極力、彼の世界に付き合ってあげるようにしている。

歌い終わって本を開くといっこうに聞いてない。子供とはこういうものなのだ。まだ読み終わってないのに、次々にめくろうとするから、初めは「きちんと読みきりたいのに〜」と結構ストレスがたまったが、「きちんと読もうとするからいけないんだわ」と気付き、ストーリーはまったく無視して、「これはなに?」とか、「なにしてるの?」とか、「だれが好き?」とか質問すると、かっちも楽しいみたいで、前のように次々にめくることはしなくなった。

それでも、うちの子は動き回っているほうが楽しいみたい。間違っても文学少年にはならない。(断言)だって想像つかない。十分とじっとしていられないかっちが、将来、突然図書館に通い、一時間も二時間も、本を読むのに時間を費やす少年に成長すると?

とても考えにくいことである。それでも、かっちなりに本を読んでもらうのは好きみたいで、じゃまをしながらも聞いている。

さて、かっち今日もひとしきり遊び終え、もう寝る時間だ。

今読んでもらった本を大事に抱え、電気を消すとママと手をつなぎ、二階へ上がった。

もう一度言う。

日常生活において、今日中にやってしまわなければならない大事なことなんて、なに一つない。明日がある〜明日がある〜明日があ〜るさ。

二人二階に消え、暗くなったキッチンのテーブルには、忘れ去られたラムネがぽつんと残されていた。

@《かっちを車に乗せて》

私は一度も教えないのに、かっちはやっぱり男の子。車とかメカとかライダー系がだーい好き。きっと、これでパパがいれば、男二人でそんなことに熱くなるのだろう。

車のドアを開けると必ず、運転席にそそくさと座り、ハンドルを握り、一人前に運転している（本人めちゃめちゃ、そのつもり。）それでは、いつまでたってもラチがあかないので、あんたの席はあっちでしょと、とっとと助手席に追いやり、エンジンをかけた。

今日は渋谷に用事があるのだ。ＦＭラジオを聞きながら軽快にぶっ飛ばしていると、変な雑音が混じり始め、突然音が大きくなったり小さくなったりしたので、思わずハンドルを切りそうになってしまった。チャイルドシートにくくり付けていても、結構自由は利くもんだ。

見ると、かっちが足で、ラジオのあたりを必死にごちゃごちゃいじっているのだ、器用にも。

「かっち、あし!!」

「じゃあ、手は？」

手でいじったらオッケーかと聞いている。

「ノー」

「じゃあ、口は??」と、思いっきりこっちに向かって口をとんがらかしてる。

いかん。こいつのペースに巻き込まれては…。

ちょっと窓を開け、外の新鮮な空気を吸うことにした。

なんとか渋谷にたどり着き、駅近くにある大きな交差点の一番左レーンの最前列で信号待ちしていると、うちらの車の横に、真っ黒の四〇〇ccバイクにまたがる、フルフェイスのヘルメットに、黒のつなぎがかっこいいお兄ちゃんが止まった。

かっちは窓をフルオープンにし「あの～、すいません。ちょっと、かっこいいんじゃないですか～?!」と、突然でっかい声で叫ぶから、急発進しそうになった。

ほんとに子供は油断のならない生き物だ。特にかっち、仮面ライダー系に弱いらしい。

@《大人になりたい子供の単純》

かっちはデニーズでお子様イスを使いたがらない（お子様のくせに。）エプロンをしたがらない（こぼすくせに。）

想像つくだろうか？　いつもテーブルからぴょこんと顔だけ、かろうじて出てる状態だ。

最近家ではフォーク、スプーンを使いたがらなくなった。私がいつもお箸だからだ。置いておくだけでも嫌がる。

「かっちの、おーさーしっ!!!（おはしと言っている。）」

なんでも大人と一緒がいいらしい。

自転車の片側のペダルに片足乗せて、私の真似して乗るときもある。もちろん、はたから見てるとなにやってるのかわからないと思う。親の私もなにやってんのか理解するのに時間がかかった。

まったくよく見てるよね、子供って。なにも言わず、静かに真似してるから笑える。こうやっていろんなところからいろんなことを日々吸収しているのか。

う〜ん、待てよ、と、言うことは…。

デニーズに行った。席に着き、オーダーをして料理が運ばれてきた。

私はおもむろにペーパーナプキンを一枚取り、首もとに引っ掛け、料理を食べ始めた。

それをじっと見ていたかっち、そばに置いてあったピングーのエプロンを開き、首に巻き始めた。

「やってあげようか？」

「うん」

子供ってほ〜んと単純。

エプロンをかけ、おいしそうにミートソースを食べる我が子を横目で見ながら、私もまた、食べ始めた。が、さすがにお子様イスに座る勇気はない私であった。

かっち、今も相も変わらずデニーズの常連だ。

…というか、ほかのところには恥ずかしくてとても連れていけない、と言ったほうが正しいかも。

今では自分の食べたいものが決まると「すいませ〜ん」と店員さんを呼び、「これください」と、メニューの写真を指差し、自分でオーダーするほど慣れている。

自分のオーダーが終わると、さっさとピングーのお子様マットで遊び始める。

私も食事をオーダー、ドリンクセットにした。店員さんに「ドリンクセットのお飲み物はなにになさいますか?」と聞かれ「え〜っと、ホット…」

「ドッグ」

コーヒーにしようか紅茶にしようか迷ったその一瞬の出来事だった。すかさず横からかっちのひと言。

変な話だが(げ、今のちょっとおもしろかった)…と、思ってしまった。

余談だが、ある日、メロンを頼んだら、先割れスプーンがついてきた。

先割れスプーンなんてまだあったんだ…。なんて、懐かしく思っていると、隣でかっち「ねえ、これ、スプーン? フォーク? どっち?」と真顔で聞くので笑った。

@《なんでも学習》

トイレに向かう渡り廊下の、階段降りてすぐの位置に、スーツケースが置いてある。スーツケースには三桁の番号をあわせて開く、ロック機能がついているのをご存じだろうか。これが結構、子供の一番目に付きやすい高さみたいで、気が付くと、いじっている。小さな指でも、容易にガチャガチャ回るので一歳過ぎたころからがちゃがちゃやっていた。そういえば、つかまり立ちにもちょうどよい高さだった。

特になんの害もないので放っているが、急いでいるときそれに取り付かれると、ちと困る。

「かっち、はやくっ!!」と玄関先でせかすと「待って！　これ、終わってから!!」と、真剣な顔してガチャガチャやってるから、ずっこける。

ある日のこと、スーパーでお買い物をしていると、かっちが妙〜におとなしい。おとなしいときは悪さしているときぃぃーーーーっと、振り返ると、きゅうりが一本九八九円、キャベツが〇〇一円、なすびが八二六円になっていた。

…きゃーーーー、なにしてるーあんたー?!　と困惑顔の私に気付いた彼、ひと言、

「かっち、すごいでしょ⁉」

すごくないわい‼　どうすんのよ、元の値段、全然わかんないし。キャベツ一個、一円って、あんた…怒られる…。どうしよう…？

あたりを見回すと、幸いだれもいない…。ごめんなさい、ヨーカドーさん。あの日、野菜の値段がめちゃくちゃだったのは、私ら親子の仕業です。黙って逃げちゃいました。でも、あれ以来、厳しく監視しています。だからうちら親子を出入り禁止にしないでね。かっち、イトーヨーカドーが大好きなの。

ほんと、子供の目線は、大人が気付かないことよく気付くから恐い。今度、スーパーに行ったら、プラスチックの価格表示の札がどうなってるのかよく見てほしい。スーツケースのあの三桁のロックによく似ているのだ。

う〜ん、本当に子供って恐い存在。こんなふうに影響してくるとは、あのスーツケースでの学習が。

@《かっちの成長にちょっとびっくりした瞬間》

晩ご飯が終わって、デザートタイム～!!

ちょ～っと、待った～！　その前に、お片づけ。うちでは食べたものは食べた人が片づけることになっている。

ハイ、どうぞ、と、かっちに食べ終わった皿を手渡すと、流しに持っていく。ちなみにうちの皿は全部プラスチック。かっちが生まれ、陶器は奥のほうにしまい込まれたまんまだ。

ハイ、次。

ハイ、次。

四往復目ぐらいのとき、かっち、じい～っと手渡された皿の山を見つめ、半分こすると、「ハイ、これママの」…。

そう、気付いてしまったの。かっち、全部片づけさせられてるってこと。馬鹿じゃないじゃ～ん。

@《証明写真》

お金を入れてください。

写真の種類を選んでください。

スタートボタンを押してください。

「かっちもお」

「だめ！」

「かっちも入る」

「ちょっとぉ～」

「かっちも～～～」

「こら～～～」

そしてこれは三度目の撮り直しだった。
かっちのバカ！　機械もバカっ‼

@《職人》

職人――。

ときどき、この言葉がとても当てはまる瞬間が、かっちにはある。職人が持つ、あのなにかに打ち込むときのひたすら真剣なまなざし…というと、聞こえはいいんだけど、かっちの場合、とっても生産性のない話なんだよね、これが。生産性がないだけならまだしも、往々にしてなにか余計な仕事を作ってくれることのほうが多い。

このあいだも、晩ご飯のおかずを作っているあいだ、場つなぎに、かっちが大好きなので納豆を与えておいた。おとなしく食べているので、私もついつい料理に没頭していた。

忙しく仕度していたが、一段落着いたので、振り返りかっちを見ると、納豆をひたすらテーブルにすり込んでいるではないか。

やっぱり…。静かだと思ったよ。

一心不乱になにかに打ち込むその姿、その目は、そう、私に〝職人〟を思い起こさせた。止めなかったら、彼はいったい何時間、その作業をし続けただろうか？　もちろん、彼はそこで止められたのだが…。ほんとに子供とはどうでもよいことに一生懸命になれる不思議な生き物だ。

職人のような目を彼が見せたときが、もう一度ある。

友人の家に、生まれて六か月になる子供を見にいったときのことだ。

とってもやさしいイラン人のだんなさまと、目鼻立ちの整った美しい彼女から生まれたルカ君は、これまたはっきりした顔の、りりしいハンサム君だ。

六か月とはこんなにおとなしかったのか⁇　あのときは大変だと思っていたが、今思うとまだまだ、ちょろかった。

そのころかっち、二歳過ぎ。私の友人はかっちを見たことがなかった。と、いうより彼女の周りに子供がおらず、ルカちゃんが「二歳にはどうなるのか見たいわ‼」なんて彼女。

そういうことならお安い御用と、かっちを連れて、電車を乗り継ぎ乗り継ぎ、半日がかりで、えっちゃん宅にたどり着いた。

ピィンポ〜ン。

「は〜〜〜い」

ダーリンに会うのはその日が初めてだった。話では聞いていたのだが。

中に入ると、とってもエスニックな雰囲気で、オレンジのライトに照らされた陶器の置物や、ウェッジウッドのカップ類が所狭しと置かれていて、なんか喫茶店みたい。見た瞬間帰りたかった。だって、かっちがいて、なにも起こらない訳ないもの。でも、えっちゃんの「気にしないで」の説得に、せっかく遠路はるばる来たしということもあり、留まることにした。

スペイン風のお皿にきれいに盛られた前菜にシャンペン（もちろん本物のガラスのシャンペングラス。コレールや、プラスチックじゃないの。）

ちょっと、ちょっと、忘れていたわよ、こういうの〜と、すっかりいい気分になった私、えっちゃんと久しぶりに会ったこともあり、「最近どうしてる？」から始まり子供の話、出産の話、昔話、会話は尽きることがなかった。

時間がたつにつれ、私の横で固まっていたかっちも少しずつ少しずつ氷解してゆき、子供好きのだんなさまの助けもあって、本領を発揮し始めた。本領を発揮し始めると地を出すのは早い。

だんなさまの出してきた、ロッカー風のセサミストリートのアーニーが、叩くとギターをかき鳴らし踊るおもちゃにまんまと釣られ、だんだん乗り乗りになってきた。初めはおとなしく聞いていたのに、バンバン叩くわ、そこら辺走り回って踊るわ、さっきまで私の腕に顔を押し付けていた人物とは、もはや別人だった。

狭くて、スペースないのにじっとしてないから、近くに寝ていたルカちゃんを踏みそうになり、ひやひや。

えっちゃんが冷蔵庫からデザートのタルトを出してきて事はおさまった。そう、いつもかっちをおとなしくさせるには〝食べ物〟なのである。私の横に座り、黙ってタルトを食べ始めたので、私たちはまた、話に花を咲かせた。かっち、私の横でおとなしかったので、私たちはおしゃべりに夢中で気付かなかった、かっちがなにをしているかを。

しばらくすると「ちょおっと〜、あ〜ん〜た」と、外国語なまりのダーリンの声が。

ふと、かっちを見ると、壁に立て掛けてあった、大きなフレームに入ったえっちゃんとダーリンのラブラブ写真にまっすぐ向き合い、きちんと正座し、フォークでぶすぶす、さしていた。

キャ〜〜〜。なんてこと〜〜〜〜。ごめんなさ〜〜〜い。

ほんとになんてことすんの、あんたは。ママ、穴掘って入りたかったよ。でも、その真剣な目は確かに職人、だった。

えっちゃんは、うちら親子が帰るまで、「私のルカちゃんはああならない‼」と呪文のようにくり返していた。そうよ、私もかっち六か月のころは想像もしなかったわよ。

でも、あれからさらに一年半がたち、かっち、今三歳、比べると二歳のころはあれでもまだだった…。

そして、最近えっちゃんからルカちゃんの様子を聞いた。

あのころのかっち、なのである。

@《ママ、ずっとおそばにいたいのよ　第一段》

ママは仕事柄ときどき長いあいだ家を空ける。この前、昼ごろ仕事が終わり、四日ぶりに帰ってくると、うちにだれもいなかった。妹がどこかに連れていってくれてるらしい。

ママは疲れていたのでシャワーを浴びることにした。

シャワーを浴びていると、いいタイミングで玄関を開ける音。「ただいま〜」と妹の声。

あ、帰ってきたのね、と私は頭を洗いながら思った。するとシャワーの音にかっち、ママがいることを察知し、なにも言わずまっすぐに歩いてきてお風呂場の戸を開けた。

そこには座ってシャワーを浴びる私の姿が。久々の再会だ。

「ハーイ」と声をかけると、かっちまだ黙ったまんま、おもむろに服を脱ぎ始めた。

「あんた、なにやってんの？」と聞いても答えない。

いつもなら、「ママ、脱がして〜」とめちゃめちゃ甘えたがるが、自分でできるではないか。時間はかかるが。

「かっちも、お風呂はいるの？」と、聞くと、なんともいえない切ない目をして、

「うん」とだけ答えた。

普段なにも言わないけど、この子我慢してるんだ、と思ったらちょっと泣けてきた。

@《ママ、ずっとおそばにいたいのよ　第二段》

かっちがちっちゃなころからずっと二人で寝ていたベッド。もともと、かっちが生

まれる前は私が使っていたシングルベッドなので、全然広くない。

冬はまだいいが、最近蒸し暑い。かっち寝相が悪い。かっち大きくなってきて、とても手狭だ。

私はベッドの隣に〝かっちが寝てしまってから用〟の布団を敷いた。かっちをベッドで寝かし付けると、私だけベッドからそっと抜け出し、布団へと移った。

あ〜、久しぶり広々と、かっちに蹴られることなく眠れるわ〜と、電気を消した。

翌朝、目が覚めると私の顔にかっちの足がのっかっていた。

「あれ⁇」

どういうこと…？

その日の夜。またかっちを寝かし付けたあと布団に移った。確かに一人だ。

でも、翌朝、やっぱり二人だ。

それ以来、毎夜ベッドで寝かせ、朝二人で布団で起きるという奇妙な現象は続いた。

そしてとうとう私は見た。かっちが夜中、ベッドをずるずると這い降り、移動している現場を。

そうか～。こういうことだったのか…。

こうして無事、かっちの努力により、かっちと大の字に重なり合って起きるという、今までの習慣は守られたのだ（？）以上。

これじゃ、意味ないじゃん‼　もうっ。

@《虐待？》

幼児虐待が事件になる昨今、親がなにかとやりにくい世の中だ。この前、あまりにわがままばっかり言うので、とうとうこのやさしい（？）ママも業を煮やし、「そんなにわがままばっかりいうんだったらでていきなさーい！」

玄関に裸足で放り出した。

アーアー、わめく、泣き叫ぶ、もうこの世の終わりのような声で、「マーマー、もう、しませんー、かっちが悪かったーーー、ぎゃー、ぎゃー」

玄関のドアに追いすがって泣き叫ぶ我が子。言っとくがうちの子の声のでかさは半端じゃない。泣く子も黙る（?）ほどすごい。

早速、近所の仲良しのおっちゃんが心配してやってきた。

「どうした、かっち?」

「いいえ、なんでもありません!!! ちょっと、けんかしたんですっ」と、やっぱり恥ずかしいので、慌てて戸を開け、かっちを引っ張り入れた。かっち、もう、けろっとした顔をしている。

う～ん、また、この声に負けてしまった。でも、あんな大きな声で泣かれると、絶対虐待だと思われてる。

ずるいよ、かっち。あんたもしかしてなにもかも計算ずく? それって、逆（?）待よ～。

なんかいい手はないかしら?

@《だめもと》

「ねー、なんか、かっち、のどかわいた～」

「お茶でいい?」と一応聞いてみたら、かっち、「ジュースゥ～」と、甘えた声。

「お茶にしなさい」

諭すように言うと、初めから期待してなかったようで「はい。はい」と、妙に素直。

物凄い反発を予想していた私は、ちょっと拍子抜けしてしまった。

@《思い貫徹》

最近暑いので、うちら親子は一階で寝ている。一階のほうが若干涼しい。

かっちはとても嬉しい。寝ながらビデオが見れるから。しばらくは放っておいたが、どんどん宵っぱりになってゆくかっちに、とうとう途中でビデオを消して寝かせた。

なにかぶつぶつ言いながらもやっぱ、眠いのは眠い。すぐに寝付いてしまった。が、翌朝五時ぐらい、かっち突然むくっと起き上がり、寝ぼけながら「かっち、ビデオ見んの～」とひと言叫んだかと思ったら、ぱちっとテレビをつけ、寝てしまった。テレビはむなしくなにかをしゃべり続けていた。

結構子供って執念深いの。

@《アンパンマンにグーフィー登場？》

かっちはほんとビデオが好き。近所のツタヤに週に一度、七泊八日で二百円のアンパンマンのビデオを借りにいくのが常となっている。一度借りると二百円では申し訳ないほど元を取ってくれる。

この前、もう一つ、ディズニーのビデオも一緒に借りた。でも夜遅かったので、一本だけの約束で、ディズニーのビデオを見始めた。

が、終盤に差し掛かると、かっち「あれ？　ねえ？　ねえ？　グーフィー出てこなかったねー？　ねー？　これ、見てみよっか？」と、アンパンマンのビデオを高々と掲げる彼。

ちょっと〜、アンパンマンにグーフィーが出てくるわけないじゃん、と冷ややかな目でかっちを見ていると「ねっ。ねっ。ちょっとだけ。ちょっとだけ」

そして彼は、押し切るようにビデオデッキにテープを押し込むと、グーフィーが出ているかどうかを調べるために、アンパンマンを見始めた。

@《なんやかんや言っても子供》

昨日、かっちを連れて東京ディズニーランドに行った。

子供のリアクションってほんとにかわいい。なんやかんや言っても、まだ三歳なんだ…と思える瞬間。

皆さんは、ミクロキッズという、アトラクション知ってる？　3Dの映画で、特殊なめがねをかけて見ると、画面が飛び出して見えるやつなんだけど…。かっちぐらいのキッズをお持ちのママさんには是非お勧めする。特に気の強い坊やをお持ちのお母さん。笑える。これは結構笑える。なにがって？　子のリアクション。

子供って面白いくらい思う壺で驚いてくれる。かっちより大きくなった蛇や猫がこっち向かって襲いかかるシーンに、いちいち、心臓バクバクしてるのが面白いようにこちらに伝わってくる。

蛇が向かってきては、ウワーッと言って払いのけ、UFOがこっちに突っ込んできそうになっては、しきりに身をかわしている。

看板のガラスがこなごなになって、頭から降ってきたり、レーザー光線が当たりそうになったり、銃の音も、結構迫力ある。

二十分ぐらいのショウだったが、終わったころには、すっかりめがねはずり落ち、体もほとんどイスからずり落ち、放心しているかっちの姿があった。

とってもはあはあしていたが、おもしろかった、と言っていた。

@《かっちのへこへこぷ～》

マザー牧場での出来事。

大草原のど真ん中に三歳から入れるちっぽけなお化け屋敷があった。見るからにちゃっちい。かっち、入るまでは意気揚々としていたのに、入り口のところで足がぴたっと止まった。そして一歩も動かない。押しても引いてもまるで岩。ちょっと、あんたが行きたいって言ったんじゃな～い、いまさらなによ～と言っても、こうなると無駄なのは、わかってるんだけど。

「かっち？　かっち？」

だめだ完全に固まってる。

「あ～、ツマンナカッタ」

次々とかっちを追い越し、暗い屋敷に吸い込まれ、出てくるお兄ちゃんたち。

「かっち、ほら、みんな、恐くないって」

さっきまでの元気はいったいどこへ？　かっち、岩のまんま。

も、いいや。と私が諦めかけてると、隣でばあば、かっちの将来を心配し「男の子がこんな臆病じゃいかん。今、克服せねば」と、なんだか燃えている。

それじゃあと私も、なんとかかっちを説き伏せようと試みたが、とても耳を貸さない。こうなったら、力ずくでと、抱き上げようとしたらかっち、すばやく身をかわし、なにかを叫びながら、大草原を一目散に駆け抜けていった。

「お〜い。どこまでいくの〜？」

ひたすら走り続けるかっちの後ろ姿、周りでみんなが笑ってる。隣でばあばは、「おまえが甘やかすからだ」とぶつぶつ。んもう。

遠〜くでまだかっちはなにかを叫びながら走り続けていた。

@《電話ごっこ》

トゥルルルルル。

トゥルルルルル。

「ママ、早く出てよ」

かっち、おもちゃの携帯電話で、隣にいた私に電話をかけていたらしい。

いつも、かっちの遊びは突然始まり、承諾ナシに参加させられている。ま、つきあってやっか。

「あ、ごめん、ごめん、ママにかけていたのね」

トゥルルルルル。

トゥルルルルル。

「ハイ、ハイ、もしもし？　かっちですか？」

「ママ、もう、切れてるよ」

「……」

@《かっち、いつまでも忘れるな。その心、その表情》

最近、梅雨だというのにやたらと暑い。昼間外に出ると溶けそうなので、私とかっちは夕方を待ち、お買い物に出かけた。

待ち構えていたかっちは、めちゃめちゃ元気。自転車を嬉しそうに乗り回している。

「ほら〜、そこーストト〜〜ップ。ブレーーーーキッ」

日に日に大きくなる声。まるで野球の監督かなにかみたい。こうして日々ますます理想の母親像とは、かけ離れていく、着実に、一歩ずつ。こんなはずではなかったんだけど、と、思いつつ、「こ〜ら〜!!」と、また気付いたら、だれより大きな声で張り叫んでいる私の姿。これではママというよりおっかあ、って感じじゃん?!

あっちに寄ったりこっちに寄ったりと、ショッピングエリアはなにかと誘惑が多すぎる。それでもなんとか無事、今日も買い物をすませ、家に帰る途中、二人で競争しながらムキになって自転車をこいでると、かっちが突然、私のまん前で急ブレーキをかけた。

「ちょっと〜、なによ〜。急に止まったら危ないじゃん」

「花火…」

「へえ?!」と、かっちの二センチぐらいしかない指の先を見ると、東京ディズニーランドの花火が夜空一面に広がっていた。

二人はしばし足を止め、自転車にまたがったまま、黒の夜空に次々に打ち上げられる、色とりどりの花火に見入った。上がっては散る花火に照り返されたかっちの目は、きらきらと輝き、感動と驚きと好奇心と無心さを併せ持つ、子供独特の表情を見せている。

「きれいだ」と思った。

子供の無邪気な表情は、時に大人が忘れてしまったなにかを思い出させる力がある。

彼の横顔を眺めながら、そんなことを考えていた。

しばらくすると、一段と盛大な花火が打ち上げられ、やがて静まり返った。

「いこっか」

二人はまた、ペダルをこぎ出し家路を急いだ。

私はさっき、花火を眺めていたときのかっちの顔を思い出しながら、ペダルをこいでいた。

@《最後に》

二十年後は一体どんな世の中になっているのか？

かっちが大人になったとき、いったいなにがはやり、世界はどうなり、人々はどんなことに関心を持っているのだろう？

日本の経済は？　東京は？　山手線は？　首都高の渋滞は？　インターネットの世界は？　学校は？　まだ土日休み？　ケータイ電話の次のものが出ているのか？　まだ、世界のどこかで戦争をやっているのか？　地球の温暖化は食い止めることはできるのか？　どんな音楽がはやり、どんなことに夢中になっているのか？　私の好きなフレンチツイストドーナツはまだあるのか？

いったいどんな世の中になっているのか、想像もつかない。

でも、たとえ二十年後がどんな世の中になろうとも、今の純粋さ、素朴さ、好奇心を失わず、いつまでもいろんなことに感動できる人間であってほしい。この世は好奇心を失ってしまえば、なんともツマンナイ世の中なんだから。

もう一つ、決して世の中に流されず、人に流されず、自分の道を信じ、自分の道を見つけ、歩き続けていってほしい。なにがあっても自分らしく生きてゆくことが、自分の自信にもつながるのだから。ルールを守って生きていれば、ママ、たとえどんな道を選ぼうと、かっちの一番の理解者でいようと思う。

かっちは二十年後、どこでなにをしているのかなあ？

かっちが大きくなったら、二人でじゃれあって遊んだこと、よく子守唄を歌ってあげたこと、かっちと二人で手をつなぎ、一緒に歌を歌いながら寒い夜道を歩いて帰ったときのこと、二人でディズニーランドの花火を見たときのこと、きっと忘れてしまうんだろうな〜。

かっちの小さな手の感触、甘えてくるときの顔、ママはずっと忘れない。明るくて元気いっぱいで、ママのことが一番で。

ママずぅーっとかっちの笑顔見ていたいから、まだまだかっちにいろんなことを体験させてあげたいから。

この幸せが続くよう、ママがんばるよ。

かっち、I LOVE YOU。

ママより

著者プロフィール

新宮 サラ（しんぐう さら）

著者が個人的に好きな空港で買えるもの

日本列島上から

《とかち帯広空港》グラム売りのスィートポテト

《新千歳空港》かにまん・メープルホワイトチョコレート

ちーず大福・たらばの棒寿司・もりもとのお菓子

《小松空港》栗蒸羊羹

《名古屋空港》季節限定ういろ・たった510円のきしめん

《関西国際空港》（たしか）2,500円もするサバの棒寿司・茶だんご

《福岡空港》ロイヤルのパン

《熊本空港》武者返し・いきなり団子

《沖縄空港》紅芋アイスクリーム

ハウ・ファニー・ヒー・イズ

2002年4月15日　初版第1刷発行

著　者　新宮《しんぐう》 サラ

発行者　瓜谷 綱延

発行所　株式会社 文芸社

〒160-0022　東京都新宿区新宿1-10-1

電話　03-5369-3060（編集）

03-5369-2299（販売）

振替　00190-8-728265

印刷所　図書印刷株式会社

ISBN4-8355-3638-X C0095

日本音楽著作権協会（出）許諾0201490-201号